SECRETOS DEL ÉXITO

Gerson Velásquez

Reservados todos los derechos. No se permite la reproducción total o parcial de esta obra, ni su incorporación a un sistema informático, ni su transmisión en cualquier forma o por cualquier medio (electrónico, mecánico, fotocopia, grabación u otros) sin autorización previa y por escrito de los titulares del copyright. La infracción de dichos derechos puede constituir un delito contra la propiedad intelectual.

El contenido de esta obra es responsabilidad del autor y no refleja necesariamente las opiniones de la casa editora. Todos los textos fueron proporcionados por el autor, quien es el único responsable sobre los derechos de los mismos.

Publicado por Ibukku
www.ibukku.com
Diseño y maquetación: Índigo Estudio Gráfico
Copyright © 2020 Gerson Velásquez
ISBN Paperback: 978-1-64086-718-5
ISBN eBook: 978-1-64086-719-2

Índice

CAPÍTULO 1
- PROBLEMAS ECONÓMICOS — 9
- DIFERENCIAS ENTRE RICOS, POBRES Y CLASE MEDIA — 11
- DIFERENCIAS ENTRE ACTIVOS Y PASIVOS — 14
- HÁBITOS QUE ROBAN TU DINERO — 16
- ESCLAVOS SIN CADENAS — 17
- ¿CÓMO ADMINISTRAR TU DINERO? — 21

CAPÍTULO 2
- DISCIPLINA — 29

CAPÍTULO 3
- LO QUE EL GOBIERNO NO QUIERE — 35

CAPÍTULO 4
- AUTOCONTROL — 39

CAPÍTULO 5
- ¿QUÉ ES EL ÉXITO? — 49

CAPÍTULO 6
- AUTOCONOCIMIENTO — 53
- TU MEJOR MOMENTO — 57

CAPÍTULO 7
- VENTAJAS Y DESVENTAJAS DEL SIGLO XXI — 69
- REFLEXIÓN — 72
- EL PODER DE LA AUTOCONFIANZA — 74

CAPÍTULO 8
- TOMA ACCIÓN… ¡YA! — 81

Antes de empezar a leer este libro te recomiendo que te asegures de tener las ganas y el deseo de aprender y alcanzar el éxito en tu vida de lo contrario, sólo estarías perdiendo tu valioso tiempo, ya que en este libro encontrarás consejos para mejorar tu vida, pero de ti depende dar el primer paso o quedarte en tu zona de confort, aquí encontrarás mucha información que parecerá muy sencilla; pero si lees detenidamente y pones en práctica cada uno de los consejos, crearás el puente para llegar de donde estás hasta donde quieras llegar. Espero grandemente que sea de tu completo agrado y ayude para mejorar tu vida y cree en ti una mentalidad triunfadora. Sin más preámbulos **¡empecemos a ser ricos!**

CAPÍTULO 1

PROBLEMAS ECONÓMICOS

Y es que la mayoría de la sociedad se encuentra en esta fastidiosa situación, mayormente, alrededor del mundo, las personas tienen este principal problema que afecta en sus vidas el día a día, algunos lo llaman mala suerte, otros dicen que es causa del destino, pero déjame decirte una cosa, realmente la pobreza no existe más que en tu propia mente, ése es el verdadero problema hoy en día, las personas que dicen ser pobres, son pobres económicamente porque poseen una gran pobreza en su mente. Cuando tú dices ser pobre, desconectas tu mente de las posibilidades sobre cómo salir de allí, te condenas a ser pobre y vivir en ese ámbito de miseria y escasez. La mayoría de las personas piensan que lo único que necesitan para salir de donde están es dinero, cuando realmente lo que necesitan es un cambio de pensamiento, ya que el dinero no es la solución a tus problemas, porque los problemas que hoy tienes se deben a tus pensamientos sobre el dinero.

Déjame explicarte algo, la pobreza no llega por falta de dinero, tampoco por falta de educación básica ni de universidad, lo único que necesitas es educación financiera, porque es muy importante que sepas que personas con muy altos estudios, como abogados, doctores licenciados, arquitectos, etc., también esas personas con altos niveles de educación tienden a tener problemas económicos, ya que están altamente preparados para desenvolverse en su profesión, pero si nunca estudiaron o aprendieron sobre cómo manejar su dinero para que se multiplique, existen posibilidades de que en algún momento lleguen a tener problemas económicos, es importante que sepas que no se trata de cuánto ganes, sino de cómo administres e inviertas tu dinero, tampoco es posible alcanzar la libertad financiera únicamente ahorrando tu dinero, ya que puedes ahorrar por 10 o 20 años y luego decides invertir tu dinero en *un pasivo pensando que es un activo,* allí terminarán tus ahorros y tendrás que empezar de cero nuevamente.

Más adelante te estaré explicando la diferencia entre un pasivo y un activo.

Estudios revelan que el 87% de las riquezas generadas en el mundo, caen en manos del 1% de la población en el mundo, esto quiere decir que únicamente el 1% de la población en el mundo posee la mayor parte de las riquezas que se generan, el otro 99% que sufre de problemas económicos, son las personas pobres y clase media.

DIFERENCIAS ENTRE RICOS, POBRES Y CLASE MEDIA

Existen tres tipos de sociedades con tres diferentes formas de pensar, cada uno con realidades y creencias diferentes, a continuación te explicaré detalladamente cómo funcionan cada uno de estos estados mentales. Empecemos clasificando las diferencias entre una persona pobre y una de clase media, entre estos dos factores podemos entender que una persona pobre es aquella que no posee recursos económicos, y que únicamente sobreviven el día a día con lo poco que consigue, refiriéndonos a su estado psicológico, actúan y piensan de esta cierta manera:No puedo comprarlo, el dinero no me alcanza para nada, no necesito dinero para ser feliz, pobre pero honrado, los ricos son malos, los ricos son codiciosos, el dinero no lo es todo en la vida; entre un sinfín de argumentos para justificar su estado actual, y seguir esperando siempre la ayuda de alguien más para poder saciar sus necesidades, y viven es en este entorno de pobreza y escasez. En lo personal no tengo nada en contra de las personas pobres, pero tampoco apoyo su forma de pensar, ya que siempre están desperdiciando su tiempo libre y culpando a los demás por su situación económica, culpan al gobierno, culpan a sus padres, culpan a sus jefes, cuando realmente deberían de dedicarse a descubrir cuál es la verdadera causa principal de su estado económico.

Una persona de clase media es aquella que siempre está buscando seguridad y estabilidad en sus vidas, persiguen un empleo seguro para cubrir sus gastos y poder pasarla bien, abren cuentas de ahorros para comprarse un auto, una casa, o cualquier cosa material que no genere ningún flujo de efectivo (ganancias), siempre buscan comodidad y se conforman con lo que consiguen, sólo quieren una vida sin riesgos y que puedan estar bien, en esta sociedad piensan un poco mejor que las personas pobres, pero aun así se encuentran muy lejos de conseguir el verdadero éxito.

Una persona rica piensa totalmente diferente que una persona pobre y que una de clase media, las personas ricas tienen su vida resuelta, no gracias a su capital, sino gracias a su capacidad mental, es muy importante que recuerdes esto, tus pensamientos te causan sentimientos, tus sentimientos te llevan a acciones y tus acciones definen tus resultados.

El secreto de una persona rica está en su forma de pensar sobre el dinero, todo esto se debe al aprendizaje y a la educación que han recibido en el transcurso de sus vidas sobre el dinero, una persona rica siempre está trabajando en sí mismo, aprendiendo y desarrollando un coeficiente más alto con mucha frecuencia.

Esto les permite la capacidad de crear fuentes de ingresos con mucha frecuencia, siempre están haciendo inversiones y comprando activos que generan flujo de efectivo, no hay ningún tipo de secreto para llegar a ser una persona rica, lo único que necesitas es perseverar rotundamente en lo que quieres lograr, dedicarle pasión, desempeño y constancia.

¿Nunca te has preguntado por qué eres pobre?

¿El por qué nunca sales de la situación en la que te encuentras?

El problema es algo interno, todo empieza cuando aceptas la situación en la que te encuentras, tu mente no buscará nuevas alternativas si no se las exiges, las personas pobres aceptan su situación y siempre se conforman diciendo y pensando que Dios así lo quiso. No cometas el grave error de culpar a alguien más por la situación en la que te encuentras, tú y solamente tú decides hasta donde quieres llegar, tú pones tus metas y objetivos, enfócate, aprende e investiga. Deja de perder más tu tiempo en cosas que sólo dañan tu mente, cosas que no te permiten aprender nada, si tú tienes las ganas y el deseo, puedes lograr lo que quieres, únicamente necesitas educación y disciplina, todo llegará a ti cuando estés mentalmente preparado.

DIFERENCIAS ENTRE ACTIVOS Y PASIVOS

¿Qué *es un activo y un pasivo?* Las personas pobres y de clase media están confundidas con estos dos factores muy importantes, ya que siempre están adquiriendo pasivos pensando que son *activos*.

Cualquier cosa que compras puede ser un activo o un pasivo, por ejemplo: un auto, una casa, una computadora etc., todo depende con qué fin lo compres; si tú compras un auto para uso personal, tienes que tener en cuenta que necesitarás darle mantenimiento a ese auto, tales como arreglos mecánicos, gasolina, seguro del auto; en ese momento tú acabas de adquirir un pasivo, porque tu auto de uso personal, sólo quitará dinero de tu bolsillo, tal vez en este momento estés pensando que un auto es de gran utilidad, viajas más cómodo y puedes salir a la hora que tú quieras; tal vez tengas razón, pero quizá en tu caso no es algo sumamente necesario. Es importante que sepas que cuando adquieres un auto su valor disminuye hasta un 30% en los primeros dos años y si únicamente deseas adquirirlo para domingos de paseos, tu decisión no sería la mejor; pero si decides invertir tu dinero en adquirir un auto con el fin de usarlo como trasporte público, para ponerlo en rentabilidad o uso para trabajo que sea realmente esencial en tu negocio o labor, entonces ese auto se convertirá en un activo y en lugar de despojar dinero de tu bolsillo, se encargará de poner dinero en él y en unos cuantos años ese auto se habrá pagado por su propia cuenta.

HÁBITOS QUE ROBAN TU DINERO

Este tema es algo referente a lo que acabamos de leer, ya que un *pasivo* no sólo trata de cosas materiales; sino también de malos hábitos que las personas practican en sus vidas, como por ejemplo: fiestas, viajes, tarjetas de crédito, vicios como los cigarrillos, el alcohol, las apuestas, los juegos de azar, entre muchas cosas más que lo único que hacen es robarte tiempo y dinero y a lo único que te conllevan es a la pobreza y miseria.

La mayoría de las personas siempre se están endeudando, adquiriendo cosas innecesarias para la satisfacción de su propio ego y aparentar algo de lo cual están muy lejos de ser. En sus hogares tienen los mejores electrodomésticos, los mejores teléfonos celulares, visten las mejores ropas, visitan los mejores y costosos lugares, pero al final de la semana lo único que obtienen son deudas y bolsillos vacíos.

Para evitar este tipo de situaciones se deben de cambiar ciertos pensamientos, reflexionar sobre lo que están haciendo el día de hoy con sus vidas y empezar a reemplazar cada mal hábito por uno bueno, porque la persona que eres hoy en día es la que has decidido ser, las acciones de hoy siempre te llevan al resultado de mañana y el haber nacido pobre no es tu problema; pero si mueres siendo pobre, tú serás el único responsable de eso.

ESCLAVOS SIN CADENAS

Las cosas ya han cambiado, en pleno siglo XXI podemos ver que la mayoría de la sociedad está sometida a la esclavitud por su propia voluntad, se ven obligados a desempeñar un trabajo por necesidad, el 87% de las personas en el mundo odian su trabajo y el otro 13% no trabaja, ¿sabes por qué?, porque cuando una persona ama su trabajo no lo toma como un trabajo en sí, a estas personas se les conoce como *TRABAJÓLICOS*. Cuando lo haces con amor, disciplina, esfuerzo y desempeño, esto se convierte en una obsesión y es allí donde encontrarás la verdadera satisfacción personal y te sentirás complacido contigo mismo, por eso debes explorar en tu interior y buscar dentro de ti: ¿Cuál es tu verdadera pasión? ¿Qué es lo que verdaderamente te inspira y motiva? Y verás cómo todo en tu vida cambia, no cometas el error de quedarte allí, en el lugar equivocado, trabajando únicamente por obligación y un salario fijo, el dinero no te dará la felicidad, cuando amas lo que haces, la felicidad genera dinero, tal vez pienses que suene un poco absurdo basado a tus conclusiones, pero cuando amas lo que estás haciendo, tu mente no tiene tiempo para pensar cuántas horas o minutos faltan para terminar tu labor de trabajo debido a la satisfacción que te genera lo que estás haciendo en ese momento, cuando amas lo que haces hasta serías capaz de laborar tiempo extra sin necesidad de pensar en dinero extra, sólo las personas que aman su trabajo serán capaces de entender esta referencia, tú sigue buscando lo que realmente te apasiona y entenderás todas y cada una de las cosas que trata este tema.

Desde otra perspectiva, la esclavitud en el trabajo no sólo se basa en el tema anterior; sino también en la forma de vida que las personas están llevando, ahora mismo están viviendo en una circunferencia que no les permite avanzar a un siguiente nivel, esta referencia se basa en aquellas personas que trabajan de lunes a sábado para conseguir dinero, para pagar sus deudas, cubrir sus gastos hasta quedarse sin dinero, entonces queda trabajar por dinero para pagar sus deudas, cubrir sus gastos hasta quedarse nuevamente sin dinero, a esto le llamo una verdadera esclavitud. Si tú te encuentras en esta situación debes preocuparte por salir de ella y no inventes excusas como que el dinero que ganas es muy poco para salir de donde estás, dime qué pasaría si el dinero que mal gastas los fines de semanas en compras innecesarias como ropa, calzado, juegos de azar, fiestas, viajes, vicios, etc., ¿qué pasaría si ese dinero lo guardaras para invertir en un pequeño negocio? Y no sólo hablemos de tu dinero mal administrado, hablemos también del tiempo que desperdicias haciendo cosas que lo único que hacen es cerrar tu mente, dime qué pasaría si las cinco horas diarias que desperdicias viendo la televisión las invirtieras en aprender algo nuevo que ayude a cambiar tu vida y tu forma de pensar, no pierdas tu tiempo pensando en que tus problemas son a causa de la falta de dinero. Todo lo que hoy estás pasando se debe a la falta de conocimiento sobre el dinero.

Muchas de las personas que se encuentran en esta situación han heredado este patrón sobre el dinero de sus progenitores o personas que lo rodean. Muchos de ustedes hacen cosas que ni siquiera tienen idea de por qué lo hacen, déjame darte un ejemplo de esto, a lo que hago referencia.

«Esta era una joven mujer llamada María, la cual, cada vez que freía salmón, lo cortaba en trozos muy pequeños antes de freírlo, ella tenía muchos años haciendo lo mismo cada vez que freía un pez, un día un amigo de María le preguntó por qué recortaba así el pez antes de freírlo, a lo que ella respondió: —Porque mi madre lo hacía así mismo—, el joven, curioso, se dirigió a la madre de María y le hizo la misma pregunta: por qué recortaban el pez así antes de freírlo, a lo que ella respondió lo mismo, —crecí viendo a mi madre haciéndolo igualmente—. El joven, con ansiedad de saber la verdad detrás de todo eso, fue de visita a casa de la abuelita de María y le hizo la misma pregunta: por qué recortaban en trozos muy pequeños un pez antes de freírlo, no tienen idea de cuál fue la respuesta, ella le relató al amigo de María que cuando estaba joven, sólo poseían una pequeña sartén en su hogar, la cual era muy pequeña para freír los peces completos y siempre tenía que recortarlos a la medida de la sartén».Esto nos demuestra que la mayoría de las personas adoptan los hábitos y costumbres de sus progenitores o de las personas con las cuales comparten la mayoría de su tiempo. Algunas veces crecemos con costumbres y creencias sin darnos cuenta por qué lo hacemos, así que es momento que te detengas y empieces por adoptar una manera diferente de pensar. No podrás obtener cambios en tu vida si no haces cambios en tu mente. Si quieres que la vida te dé resultados diferentes, entonces instala pensamientos diferentes. Siempre que te encuentres en cualquier situación, tu mente recurre a los archivos que tienes guardados en tu subconsciente y tú actúas en base a esa información que se encuentra detrás de ti. Tienes que reemplazar todos esos pensamientos que impiden que salgas de donde estás, debes actualizarte mentalmente. Lamento decirte que no obtendrás resultados diferentes haciendo lo mismo de siempre.

¿CÓMO ADMINISTRAR TU DINERO?

En mi andar he conocido a muchas personas que piensan que administrar su dinero correctamente es una forma de privarse de la libertad económica, y es lo contrario, administrar tu dinero de la manera correcta te llevará a la libertad que todos quisieran conseguir. Esto es debido a la causa y efecto, saber cómo administrar tu dinero creará abundancia en tu vida, en su mayoría, las personas dicen no poder administrar su dinero porque ganan muy poco o que comenzarán a administrar su dinero cuando sus ingresos sean más altos Esto, en sí, no es posible, ya que la mente posee una programación automática que se ajusta a todo cambio económico, por ejemplo; si eres una persona que gana $500 semanales, tu mente tiene un sistema que funciona en base a tus ingresos, el cual es: «¿Cómo sobrevivir con $500?», tu mente se las ingenia en cómo poder invertir los $500 para poder pasarla bien el resto de la semana sin que nada te falte, y logras terminar tu semana exactamente con los $500 sin que te sobre ni te falte; pero bien, lo mismo sucede si la próxima semana, en vez de ganar $500 únicamente ganaste $300, la misma persona tiene la posibilidad de terminar esa semana con $300 y no $500, sin la necesidad de que algo le haga falta, y lo mismo te pasaría si la próxima semana ganaras $700, terminarías la semana sin que nada te sobre y sin que nada te falte. Esto se debe a que tu mente está programada a gastar y vivir con lo que tienes, entre más altos sean tus ingresos buscarás más formas de tener muchos más gastos, es ilógico pensar que empezarás a administrar tu dinero cuando tengas lo suficiente para administrarlo, tendrás dinero hasta que empieces a administrarlo de la manera correcta, no es cuánto ganes, es cómo lo administras.

A continuación te mostraré unos ejemplos que pueden ayudarte a manejar tu dinero de una forma más efectiva.

Para comenzar, tienes que abrir seis cuentas de ahorros, puedes hacerlo en el banco o en tu propia casa con seis diferentes frascos o alcancías; la primera y la más importante es la cuenta de inversión, en esta cuenta tendrás que depositar un 15% de tu salario semanal o mensual, esta cuenta consiste únicamente en inversiones para adquirir cualquier tipo de activo y debe estar activa todo el tiempo, es recomendable hacer inversiones con frecuencia sin importar que sea una pequeña inversión, entre más rápido inviertas en activos, más rápido crecerá tu fuente de ingresos, otra recomendación es investigar específicamente sobre el activo que deseas adquirir, debes estar seguro y tener el conocimiento sobre el manejo y control de tus inversiones.

La segunda cuenta será para tus gastos diarios, como comida, pago de utilidades o cualquier otro tipo de artículos que sean necesarios en tu hogar, en esta cuenta pondrás el 55% de tus ingresos, prácticamente tendrás que vivir con el 55% de tu sueldo, tal vez algunos de ustedes estén pensando: «pero no puedo vivir ni con el 100% de mi sueldo», recuerden que esto consiste únicamente en gastos necesarios, no podrás vivir con el 55% de tu sueldo si no controlas tus hábitos como lo son los vicios u otro problema que te provoque un desequilibrio económico. Es posible vivir únicamente con el 55% de tu sueldo, si vives solo se te hará mucho más fácil, si tienes una familia numerosa y los números no cuadran, tendrás que hacer un ajuste en esta cuenta.

La tercera cuenta se llama: cuenta a largo plazo, en esta cuenta pondrás el 10% de tu dinero, esta cuenta servirá para ocasiones inesperadas o dígase de fuerza mayor, que se te presenten, como por ejemplo que se te descompone el auto, te enfermas, necesitas nuevos zapatos para tu trabajo, etc., en sí cualquier situación de improviso, este dinero es únicamente para emergencias; pero ten cuidado, no confundas emergencias con antojos, como por ejemplo decir: me compraré un nuevo bolso porque los que tengo ya me aburrieron o ya pasaron de moda, eso no sería una emergencia, sería una mala forma de despilfarrar el dinero, tengan mucho cuidado en ese punto.

La cuenta número cuatro es la cuenta de ayuda, aquí puedes poner un 5% de tu ingreso, esta cuenta consiste en ayudar a personas necesitadas, ya sean cercanas a ti o desconocidos, familiares, tus padres, si asistes a una iglesia o a quien creas que realmente lo necesita, ayudar a tu prójimo o a los más necesitados, es una acción de satisfacción que alimenta el alma, crea en ti una sensación de calma y paz interior, siempre y cuando tus acciones no las hagas con falta de modestia.

Cuenta número cinco, esta cuenta es nombrada: cuenta a la diversión, aquí pondrás un 10% por ciento de tus ingresos, esta cuenta será todo lo contrario de la primera, será únicamente para complacer tus antojos, una salida a un restaurante, viajes o cualquier tipo de deseos que llene ese vacío que queda en ti después de tanto trabajo. En este momento te has de estar preguntando: ¿pero por qué esta cuenta? Déjame explicarte, el motivo es porque cuando tú no llevas un verdadero control de tu dinero y llegas a ese punto cuando crees que mereces complacer ese algo dentro de ti que te roba la energía y sientes que te lo mereces, ese viaje, esos zapatos, la visita a ese lugar donde tanto aspirabas ir; cuando llegas a ese punto de insatisfacción y no tienes un control de lo que puedes gastar o no, siempre terminas gastando todo el dinero en ese momento, ya que tu mente se encuentra en un estado de satisfacción y no te permite reflexionar sobre lo que estás a punto de hacer. En ese momento llegan únicamente señales y argumentos a tu mente que te ponen a favor y no en contra de la situación, las mismas señales que llegan a la mente de un apostador después de casi haberlo perdido todo, siempre arriesga lo último que le queda, ya que está a favor y no en contra de la situación, a esto se le conoce como cerebro adicto, ya que nuestro discernimiento libera una sustancia llamada endorfina, conocida como sustancia del placer, son hormonas que se libran cuando te encuentras en una situación de placer, es esto lo que provoca adicción a los vicios, apuestas y cualquier otro tipo de acción que causa placer. Esta cuenta te ayudará a aliviar un poco las situaciones que son para ti placenteras o de las cuales no tienes un control a la hora de gastar tu dinero; así te será mucho más fácil administrar tu dinero y sabrás cuál es tu límite para gastar, y si no es lo suficiente para lo que quieres, tendrás que esperar hasta que tengas el dinero suficiente para lo que pretendas.

La última cuenta está basada en la educación, aquí pondrás un 5% de tus ingresos; desde mi punto de vista, en estos tiempos, esta cuenta se puede volver opcional, ya que hoy en día la tecnología se encuentra muy avanzada y podemos adquirir la educación e información que nosotros deseemos en unos cuantos segundos, por lo que esta cuenta se basa en la educación financiera, en adquirir libros y todo tipo de conocimientos sobre la economía. Si prefieres comprar libros, lo puedes hacer con esta cuenta, te recomiendo que hagas una búsqueda en internet sobre libros de educación financiera, podrás encontrar un sinfín de información sobre ello, cuando obtengas esta información, tú decides si comprarlos o leerlos en internet, si estás dispuesto a comprarlos y es necesario. Abre esta cuenta y si optas por leer en internet, puedes depositar este 5% en la primera cuenta, que es la más importante, solamente debes comprometerte estrictamente por lo menos a leer un libro por mes y verás cómo toda esa gran información es capaz de cambiar tu estado financiero.

CAPÍTULO 2

DISCIPLINA

Esta es una de las claves más importantes del éxito: «Disciplina», es algo que las personas de clase baja y de l clase media no practican. Todo empieza desde tu mente, cuando un empresario se imagina un negocio, enseguida empieza a trabajar en él, investiga, se informa, aprende y le pone una fecha para poder cumplir su objetivo, es cuando deja de ser una simple idea y pasa a ser un plan, es ahí cuando surge la disciplina. Las personas disciplinadas se comprometen seriamente con ellos mismos, no hay excusas, no hay nada que impida que puedan alcanzar lo que se han propuesto, las personas disciplinadas están dispuestas a levantarse dos horas más temprano, a acostarse una hora más tarde, trabajar los siete días de la semana, y hacer jornadas de más de 12 horas al día, están dispuestos a todo, no buscan excusas, una persona de éxito deja a un lado todas las excusas y empieza a crear. Tú deja el miedo y la inseguridad, eso no te permitirá llegar a ningún lado, esfuérzate por lo que quieres y brinca los obstáculos y llega a tu meta, toma el control de tu mente, disciplínate, levántate temprano y sueña en grande, no alcanzarás tus sueños si prefieres percibirlos mientras duermes, el secreto del éxito lleva dedicación, esfuerzo, desempeño y mucho orden, la disciplina es el combustible que necesita tu máquina más importante, que hace que todo tu mecanismo cobre vida y ese motor es tu mente, ponlo a trabajar al máximo, aprende, edúcate y sigue avanzando, cada paso que des mientras persigues tus sueños no será uno más sino uno menos para llegar a tu meta, no dejes que tu mente te limite, debes saber que dentro de ti los límites no existen, esos los pones tú, y tú eres el único responsable de tus logros, fracasos, caídas y golpes que has recibido a lo largo de tu vida, deja de pensar que no puedes o es imposible, mejor empieza a investigar cómo lo puedes lograr, nadie nace con una etiqueta de fracasado o millonario, eres tú el que decide quién quiere ser. No dejes que tus problemas sean más grandes que tus soluciones, no permitas acomodarte en un solo lugar, sal de tu zona de confort, atrévete, toma riesgos, deja el camino fácil y empieza a cambiar tu vida.

Nadie dijo que llegar al éxito es algo fácil y rápido, es un camino que sólo los valientes deciden tomar, los que están dispuestos a todo por el todo, no esperes que Dios resuelva tus problemas mientras duermes, tampoco esperes que el gobierno lo haga, no te dejes vender esos discursos políticos que sólo hablan de un mal país por un mal gobierno, la solución para un buen país no sólo se trata de un buen gobierno; sino también de personas disciplinadas, seguiremos teniendo un mal país si seguimos siendo las mismas personas de siempre, es tu problema que no te gusta aprender, no te gusta leer, prefieres quedarte en casa y no a salir a la calle a buscar una manera de cumplir tus sueños y no te gusta madrugar, si la pobreza existe no es por falta de dinero, porque lo que sabemos cada segundo, cada hora y cada día, es en las fábricas donde se genera el dinero, hacen miles de millones de dólares que andan por ahí de un lugar a otro; si no están en tus manos es porque no estás preparado para ello, la vida te dará lo único que seas capaz de dominar, lo único que te mereces, no recibirás más hasta demostrar que estás preparado para tenerlo, tendríamos un mejor país si tuviéramos personas que pensaran diferente. Qué te hace pensar que te encontrarás en una mejor situación económica si no haces nada al respecto, si nunca empiezas a adquirir hábitos que te lleven a la abundancia, **es como si una persona con sobrepeso dijera que empezará a hacer dieta cuando pierda 15 kilos de su peso**, ¡es absurdo! Empieza ahora, pon tu mente a trabajar y no esperes que alguien más solucione tus problemas, todos lo podemos lograr, nadie está condenado a morir pobre.

CAPÍTULO 3

LO QUE EL GOBIERNO NO QUIERE

¿Nunca te has preguntado por qué en el sistema escolar no existe ningún tipo de asignatura en la cual los estudiantes puedan aprender a crear sus propios negocios? Es curioso saber cómo personas con los más altos estudios académicos y mejores calificaciones, trabajen para empresarios que ni siquiera terminaron sus estudios, ¿ya te diste cuenta para qué están preparando a nuestros jóvenes? Creo que los centros educativos no están enseñando correctamente lo que los jóvenes deberían aprender, desde mi punto de vista, yo les llamaría una fábrica de empleados y el problema no sólo son las escuelas, sino que también los padres en casa ya han escuchado la famosa frase que dice: «estudia mucho, saca buenas calificaciones, gradúate y consigue un buen empleo». Lo único que se está haciendo es preparándolos para ser empleados de alguien más, para pasar el resto de sus vidas trabajando hasta llegar a la jubilación y recibir una pequeña pensión del gobierno. Mi punto de vista es que creo que nuestro sistema no está trabajando de la manera correcta, las personas se pasan la mayor parte de su vida preparándose para conseguir un empleo y no para encontrar la verdadera libertad financiera, tal vez muchas personas digan: «pero yo amo mi profesión», tienes el derecho a hacerlo y a sentirte bien, pero eso no te hará financieramente libre, la educación financiera y la educación escolar son dos conceptos totalmente diferentes, porque con educación financiera aprendes a crear negocios, generar empleos, aprenderás la verdadera clave hacia la libertad y con educación escolar aprenderás mucho de poco para poder desenvolverte en un empleo seguro. No estoy aquí para decir que asistir a la escuela es malo y que no debas de ir, estoy aquí para aclararte lo que realmente está sucediendo, porque hoy en día tenemos personas altamente preparadas que se encuentran pobres y desempleadas y muchas personas que ni siquiera terminaron sus estudios que se han vuelto empresarios y se vuelven más ricos cada día. El 80% de los empresarios no terminaron sus estudios, entonces ¿dónde está el secreto? Los empresarios son financieramente libre porque saben algo que tú no sabes y es el momento que tomes el control de tu dinero y empieces a crear y crecer, instrúyete y aprende sobre negocios, inversiones, bienes raíces, o lo que más te apasione siempre y cuando controles tus hábitos, ya que fiscalizarás tu dinero y podrás entrar al camino del éxito.

CAPÍTULO 4

AUTOCONTROL

Estamos viviendo en un mundo lleno de problemas que parecen salirse de control y nadie está haciendo nada al respecto para solucionar los inconvenientes y poder tener una mejor sociedad y un mejor país. Hablemos un poco de El Salvador, un pequeño país que tiene grandes problemas de violencia, inseguridad y pobreza, ¿nunca te has preguntado cuál es la causa principal de todos estos problemas? ¿Qué nos conlleva a vivir en este ámbito que mantiene nuestro país en estos grandes problemas? Seguramente lo primero que pensaste fue en los gobiernos corruptos o en cualquier otra cosa que no esté involucrándote, deja de pensar de esa manera; la violencia, la inseguridad y la pobreza son tres causas por un solo motivo: la ignorancia y la falta de conocimientos, el problema no es el gobierno, son las personas que no tienen el mínimo deseo de aprender y superarse, la violencia es causa de la ignorancia y esto se aprende en casa, esto mismo conlleva a inseguridad en las calles; cuando ven que en un círculo familiar se vive la violencia, lo único que les toca por aprender a los hijos es violencia, si en un círculo familiar existe la falta de conocimiento de valores esenciales, los hijos no aprenderán ningún valor, y la falta de valores y conocimientos vuelven a las personas ignorantes y la ignorancia sobrelleva a la pobreza, la inseguridad y la violencia.

Ésta es la causa de todos los problemas, la falta de conocimiento y valores es el problema al que nadie le busca solución, claro, criticar y juzgar al gobierno es más fácil, tampoco es posible aprender sin tener la información entre tus manos, siempre estamos aprendiendo de todo lo que nos rodea y si lo único que nos rodea es pobreza, inseguridad e ignorancia, no habrá otra cosa más que aprender, a menos que tú decidas cambiar y empieces a aprender valores esenciales que te harán una mejor persona, pero recuerda que lo único que cae del cielo es la lluvia, no podrá llegar a ti una lluvia de libros para que tú los leas, si quieres que el país cambie, primero tienes que cambiar tú, vivimos en un mundo de causa y efecto donde obtienes únicamente lo que te mereces, si sientes que la vida te está dando lo peor y no puedes salir de ahí, cambia tu forma de pensar y la vida te dará lo que te mereces, reflexiona, por qué solemos tener una ciudad muy sucia si está repleta de basureros, uno cada 20 metros. ¿Crees que realmente poner más basureros sería la solución? Piensa un momento y respóndete esa pregunta a ti mismo.

La mayoría de las personas no están tomando conciencia de lo que está pasando, se quejan de todos sus problemas, pero no encuentran el error; todos tus problemas son un efecto de tu falta de conocimiento. El autocontrol es una acción muy poderosa que cualquiera que logre introducirla en su mente, carecerá de problemas, tal como si la vida estuviera completamente de su parte. Debes aprender la forma correcta de educar a tus hijos, ¿qué te hace pensar que le darás la mejor educación a tus hijos si tienes problemas para dominar tu vida? Siempre he dicho que los padres inculcan a sus hijos los mejores principios que ellos tienen a su alcance o los que ellos conocen, es cierto que nuestros padres siempre quieren lo mejor para sus hijos, pero es necesario saber realmente qué es lo mejor de lo mejor, es como si un maestro que no sepa leer trate de enseñar a sus alumnos, es ilógico ¿verdad?Como lo mencioné anteriormente, la violencia, la pobreza e inseguridad surgen por la falta de conocimiento, debes aprender a tratar a tus hijos sin violencia e inducirlos a hacer las cosas bien y sin necesidad de regaños, amenazas ni golpes; eso sólo despertará en ellos un estremecimiento de odio, el cual adoptarán y crecerán pensando que los golpes e insultos son necesarios cuando alguien no hace algo bien, y esto ocasionará inseguridad y violencia en las calles. Tampoco me refiero a darles todo lo que desean y ser sus esclavos mientras crecen, esto sólo creará un hijo que espera todo de sus padres y será así toda su vida, esperando todo de los demás y cuando nadie esté ahí para ellos, caerán en desesperación y se verán obligados a buscar dinero fácil por las calles, porque no tienen ningún tipo de conocimiento sobre cómo tener las cosas de la manera correcta y eso los conllevará a cometer delitos en las calles, debes inducir a tus hijos a que hagan las cosas de la mejor manera, despertando en ellos un gran deseo por hacerlas. ¿Cómo puedes lograr esto?, usando métodos de persuasión, esto se basa en formas especiales de pedir las cosas a los demás, felicitar y reconocer las buenas cosas o logros que hagan, es una manera de incitarlos a seguir haciendo lo correcto, ponlos a pensar en cada uno de los beneficios que ellos obtendrán al hacer cada cosa que se les pida; uno de los más grandes errores en las personas es que siempre están dando órdenes a diestra y siniestra, siempre están obligando a sus hijos a hacer lo que ellos no quieren y no les hacen saber los beneficios que sus hijos obtendrán al hacerlo, los métodos de persuasión son eficaces para lograr que tus hijos o cualquier otra persona logre hacer algo que tú quieres, te daré un pequeño ejemplo de ello.

«Juan era un niño de ocho años, el cual vivía con sus padres y abuelos, era un jovencito muy desordenado y que nunca recogía sus juguetes después de terminar de jugar con ellos, sus padres estaban cansados de reprenderle con fuertes regaños para que levantara sus juguetes del piso, el pequeño, entre dientes, reniegos y con sus gestos de muy mala gana, iba y recogía sus juguetes; un día, sus padres cansados de tanto exigirle que recogiera sus juguetes, decidieron buscar un método más eficaz para lograr que el pequeño obedeciera, al igual que todos los niños amaba mucho a sus abuelitos, cierta vez, por la tarde, estaba jugando entretenidamente, en ese momento la mamá de Juan fue hacia él y enseguida le preguntó:

—¿Cómo la estás pasando con tus nuevos juguetes? Se ve que te estás divirtiendo mucho Juan.

—Sí mamá, definitivamente ¡me encantan! —respondió con mucha alegría.

—Me da mucho gusto Juan; pero quería pedirte un pequeño favor —le dijo la mamá.

—Sí mamá, dime —dijo el pequeño en forma interesada.

—Quisiera que me ayudes a cuidar de tus abuelitos, ¿estás dispuesto?

Él, muy entusiasmado, enseguida preguntó:

—Claro mamá, ¿Cómo puedo hacer eso?

Entonces ella empezó a decirle que sus abuelitos tenían muy avanzada edad y que fácilmente podrían caer, lastimarse y que era necesario que el piso estuviera totalmente despejado, entonces el pequeñuelo empezó a especular y enseguida respondió:

—No te preocupes mamá, yo ayudaré a cuidar a mis abuelitos, recogeré cada uno de mis juguetes después de jugar con ellos.

Y así fue, luego de terminar de jugar, el pequeño empezó a recoger cada juguete, y eso no fue todo, recogía cada cosa que encontraba en el piso, la cual podría provocarles una caída a sus abuelitos.

Como ustedes pueden ver, los métodos de persuasión son unas de las habilidades más eficaces que puedes aprender para educar a tus hijos de la manera correcta, no es tan difícil como lo pensabas, gritarles y pegarles sólo dañará sus pensamientos de forma errónea, afectarás su coeficiente, debes despertar en ellos un deseo grande de aprender; si siempre estás exigiendo a ellos lo que tú quieres, nunca te escucharán; tampoco esperes que un niño de ocho años piense al igual que tú, que ya tienes más de treinta.

Educa a tus hijos de una forma correcta para crear niños llenos de sueños y metas, si quieres un mundo mejor, empieza por cambiar tu interior, nosotros los humanos somos los únicos creadores de nuestros problemas, quienes han fabricado cientos de drogas y bombas nucleares y a las únicas personas a las que afectan son a las que no poseen el mínimo conocimiento de cómo evitar consumirlas, los países pobres se vuelven más pobres por la falta de conocimiento entre las personas, todo cambiaría si tomáramos conciencia y adquiriéramos conocimiento de lo que estamos viviendo, como en nuestros países, si en lugar de tirar basura en la calle recogiéramos una, tendríamos una ciudad más limpia, si en lugar de comprar drogas o cualquier otro tipo de sustancia que daña tu salud, guardáramos ese dinero para cumplir un sueño, si en lugar de gastar mucho dinero en una televisión más grande, compráramos muchos libros para educarnos, tendríamos más personas inteligentes y menos ignorancia, y si en lugar de quejarnos tanto por nuestra situación económica buscáramos soluciones para generar abundancia, tendríamos menos pobreza y más riqueza. Nadie nace con inteligencia, la inteligencia es desarrollada con base en tu educación y dedicación, la inteligencia es evolución mental, no es ningún tipo de magia ni casualidad, mucho menos hereditaria; al igual que nadie nace siendo doctor ni abogado, somos criaturas que actuamos con base en nuestros hábitos y creencias; ¿pero qué te hace pensar que lo que haces ahora con tu vida es lo correcto? El conocimiento y la educación se adquieren por medio de interés al aprendizaje, cuando termines de leer este libro sabrás cosas que no sabías y que te ayudarán a obtener una mejor vida; pero no olvides que el conocimiento no sirve de nada si no lo aplicas en tu vida del día a día, porque recuerda que tenemos muchas personas con mucha sabiduría pero pobres en acciones y eso no te hará una persona exitosa, si al terminar de leer este libro tu vida no tiene ningún cambio, sólo serás como un vidente que no quiere ver y habrás desperdiciado unas cuantas horas de tu tiempo en leerlo.

CAPÍTULO 5

¿QUÉ ES EL ÉXITO?

El éxito es el sueño que toda persona desea alcanzar, es algo que todo el mundo quiere lograr; pero realmente la mayoría no sabe lo que en realidad significa, están buscando algo a ciegas, algo de lo que no tienen idea de cómo es y mucho menos cómo encontrarlo. El éxito es uno de los secretos más grandes de las personas que han llegado a él hasta la cima más alta, el éxito no se basa en una cantidad específica de dinero, ni en lograr una gran empresa, la mayoría de las personas están totalmente confundidas tratando de alcanzar el éxito sin tener idea de cuál es el camino que los dirige hacia él.

El éxito no es un estado socioeconómico, el éxito se basa en triunfar cada día en cada cosa que hagas con profusa pasión y desempeño, disfrutar cada momento de tu día y triunfar en cada una de las acciones o decisiones que tomes, el éxito es encontrar la verdadera felicidad en tu interior, descubrir cada uno de tus talentos y explotarlos como una mina de oro. Las personas que han encontrado el éxito, son aquellas que son totalmente felices con todos y cada uno de sus logros, que se levantan cada día con una gran sonrisa en su rostro y con un profundo deseo de hacer lo que aman, con unas inmensas ganas de crecer y triunfar. Usted es exitoso cuando disfruta hacer su trabajo, cuando sonríe, cuando es feliz, cuando aprende, cuando escucha a los demás, cuando ama a su pareja, usted es exitoso cuando planea todas las noches lo que hará al siguiente día, cuando se esfuerza más que el resto, cuando trabaja para cumplir sus metas y no sólo trabaja por dinero, y es que trabajar arduamente para cumplir sus sueños es algo inexplicable que invade su cuerpo, no acelera al máximo, cuerpo mente y alma se unen para dar todo de ti y es así como pocas personas logran sobresalir de la mayoría de la sociedad y alcanzar el éxito, debe aprender a amar y valorar cada momento de su vida, sonreír y ser feliz, pensar en grande, luchar por cumplir los sueños, comprometerse a ser una mejor persona cada día y no permitir que pensamientos vagos se afilien a su cabeza y descontrolen su vida, debe saber claramente lo que quiere, desearlo a cada instante, y trabajar por ello cada uno de los días hasta verlo realizado, es así como se encontrará el camino hacia el éxito, debe encontrar la paz interior y cuando se logre dominar, se tendrá una vida resueltamente libre de problemas y angustias, porque los malos momentos no existen, la mente los crea y es así como se le da vida a los problemas.

CAPÍTULO 6

AUTOCONOCIMIENTO

El autoconocimiento es uno de los factores más importantes para el cambio personal, para educar tu mente y pensar de la manera correcta, es una acción muy sencilla que todos podemos utilizar para auto controlarnos y corregirnos, se trata sobre una autocrítica espontánea, un reconocimiento instantáneo de nuestros errores y problemas. Este método se basa en capturar cada mal pensamiento que tu mente produzca subrayándolo como una mala acción que queremos cambiar, para un mejor entendimiento te sugiero que en este momento te concentres al máximo y prestes mucha atención sobre cómo funciona este método, para esto es necesario que te veas desde otra perspectiva, tal como si fueras otra persona, obsérvate y detenidamente, trata de ver en ti los problemas, así como si estuvieras a punto de criticar a alguien más. Para este método no hay otra mejor persona que tú mismo para reconocer cada uno de tus malos hábitos, problemas o pensamientos retorcidos que nadie más puede ver ni saber, te sugiero que empieces a captar cada uno de tus malos hábitos, malas acciones o cualquier otra cosa que genere problemas en tu vida, cuando ya las tengas en mente, memorízalas y claramente tráelas presentes contigo en tus pensamientos, cuando ya lo hayas hecho, te sugiero que pienses en la solución correcta de cada uno de tus problemas y te veas a ti mismo como una nueva persona. Si tienes problemas de enojo, imagínate siendo una persona tranquila y pasiva, si tienes problemas de vicios, imagínate siendo una persona sana y viviendo libre de drogas o alcohol, si tienes malos hábitos de higiene, imagínate siendo una persona limpia y pura; y así con cada uno de tus problemas.

Hoy te reto durante una semana para en cada uno de estos siete días, juzgar y atrapar cada uno de estos problemas cuando se presenten en tu vida, toma un segundo para pensar que ahí está nuevamente ese hábito que te mantiene en problemas, siente como que alguien más te observa que no debes hacerlo y por qué perjudica tu vida, será una autocrítica que te hará recordar cuál es la solución del problema que quieres eliminar, debes aprender a reconocer en el momento de tu autocorrección ¿cuál es la excusa y cuál es la solución? Porque con las excusas de siempre, invariablemente llegarás a lo mismo, si tienes problemas en tu vida y deseas cambiarla y ser una persona de éxito, necesitas reemplazar cada una de tus creencias erróneas en tu mente y adoptar nuevas formas de pensamiento, nuevas soluciones y metas, eso mismo: nuevas soluciones y nuevas metas.

Al finalizar la semana de experimento, toma unos minutos y visualiza cada uno de los cambios que sentiste en ti, imagínate siendo esa persona por el resto de tu vida, el tiempo que toma la mente humana para adaptarse a un nuevo hábito varía entre los 28 a 35 días, prácticamente si haces este ejercicio de autocorregirte y recordarte cuál es la acción correcta por un mes, en un intervalo o menos de lo que tú pensabas que era un problema imposible de resolver, será algo fácil de dominar y que estará a tu alcance.

Es muy importante que sepas que la mente humana tiene fases de evolución y que esas fases de despliegues te llevan a vivir la vida que ahora mismo tienes, tu mente no evoluciona en base al tiempo, sino en base al aprendizaje, puedes pasar diez años sin aprender nada, tu mente seguirá siendo la misma y obtendrás lo mismo en tu vida; pero si tu mente aprende muchas cosas durante esos diez años no volverá a ser la misma, habrá evolucionado y estarás obteniendo resultados diferentes en tu vida, sea bueno o malo, la mente evoluciona en base a lo que aprendes y por una ley universal tendrás resultados de lo ya aprendido.

Debes observar muy bien a tu alrededor de lo que estás nutriendo a tu mente, con las personas que te relacionas y lo que aprendes de ellos, quiénes son personas dignas de admirar y seguir, quiénes únicamente terminarán metiéndote en problemas y te enseñarán cosas que no te ayudarán a evolucionar mentalmente. En lo personal, a lo largo de mi vida he conocido a muchas personas, pero he decidido seguir los pasos de pocas de ellas, quizá un 95% sean personas comunes, el otro 5% son personas a las cuales admiro y siempre que tengo la oportunidad de conversar con ellos, trato la manera de aprender todo lo posible que me pueda ayudar a desenvolverme mentalmente.

Las personas que se mantienen en un estado mental muy desarrollado son capaces de visualizar cada acto o hábito que atraería problemas a su vida, y aun así se encuentren rodeados de malas influencias, no serían capaces de desviar su camino y aprender los malos hábitos que practican las personas que lo rodean, ya que su estado mental es capaz de repelerlos, pero si eres una persona que no tiene la capacidad de controlar tus avisos en base a influencias, te recomiendo que guardes la distancia de personas con mala influencia, porque fácilmente, en un corto tiempo, estarás practicando los malos hábitos de ellos y es esto lo que hace referencia a un refrán muy popular que dice: «Dime con quién andas y te diré quién eres», en sí, como se los expliqué anteriormente, este refrán no aplica en personas que tienen un estado mental muy desarrollado.

TU MEJOR MOMENTO

¿Y tú cuándo crees que sea el mejor momento para hacer lo correcto? ¿Mientras eres joven o cuando seas una persona adulta? ¿Qué significa para ti disfrutar la vida? ¿Cuándo y cómo debes hacerlo? ¿Qué es más importante, divertirse o aprender? ¿Hasta qué edad tu mente alcanza la madurez? Si eres un joven, ¿qué estás haciendo por tu vida? ¿Eres una persona mayor que cree haber terminado ya su aprendizaje? Antes de continuar leyendo te pido que detenidamente te contestes cada una de estas preguntas, con la sabiduría que tienes y con toda la sinceridad que puedas hacerlo.

Los seres humanos somos criaturas de hábitos, actuamos y pensamos en base a lo que escribimos en nuestro cuaderno mental; cuando nacemos, llegamos al mundo con la mente totalmente en blanco, tal como un cuaderno nuevo, sin ningún manchón y sin ninguna frase o palabra escrita, no nacemos destinados a nada, no tenemos ningún conocimiento ni creencia ni nada por el estilo, el primer día de nuestra vida somos como una botella en el inmenso mar, sin un rumbo establecido, sin ningún destino planeado, desde el momento que nacemos nuestro entorno se convierte en nuestro lugar de aprendizaje, donde empezamos a cultivarnos con cada palabra que oímos decir, con cada palabra que aprendemos empezamos a adquirir un conjunto de emociones, acciones y reacciones como: sentimientos, creencias, comportamientos y pensamientos, de cada una de las personas que se encuentran a nuestro alrededor; entonces es cuando empezamos a escribir en nuestro cuaderno mental, emprendemos a adaptarnos al círculo en el que vivimos día tras día, abordamos a crear nuestro paradigma, nuestra base, la plataforma de la que dependerá tu vida. Cuando empezamos la escuela ya hemos escrito un poco de información en nuestro cuaderno mental, ya tenemos una cierta forma de sentimientos, creencias y pensamientos, a partir del primer día de clases continuamos escribiendo en nuestro cuaderno mental, trazas ahí lo que vives con tus compañeros, lo que vives con tus maestros, lo que vives con cada una de las personas que te rodean, entre los quince y dieciocho años de edad, ya tenemos escrito en nuestro cuaderno mental la mayor parte de creencias, pensamientos y sentimientos; ya actuamos de cierta manera, pensamos de cierta manera y tenemos creencias de una cierta cualidad, a esto se le conoce como paradigma, una innegable manera de pensar y actuar que has adquirido en base a lo que has aprendido en tu círculo de enseñanza, son valores que no podrás cambiar de la noche a la mañana, pero esto no significa que no puedas cambiar tu paradigma.

Hoy en día tenemos muchos jóvenes rebeldes, inteligentes, tímidos, con problemas de vocabulario, tranquilos y corteses, fácilmente puedes observar a tu alrededor y diferenciar a cada uno de estos comportamientos en todas y cada una de estas personas, luego basta ver hacia el otro extremo para darnos cuenta de dónde proviene dicho pensamiento, creencia o actitud de ese joven, ya sea de su familia, amigos o personas de las cuales se rodea. Muchas personas creen en la herencia de actitudes de los progenitores, algo con lo que se nace y no se puede cambiar porque así tenía que pasar, yo creo en la causa y efecto, todo lo que enfrentamos en nuestras vidas es con base en una causa y un efecto; existen muchos ejemplos sencillos de causa y efecto que suceden a diario en tu vida de los cuales no te das cuenta y sigues diciendo que fue mala suerte o que fue causa del destino.

Los problemas que enfrentas son un efecto, los resultados que obtienes son un efecto, todo lo que pasa en tu vida es un efecto, las enfermedades son un efecto. Cuando pierdes todo tu dinero en un juego de azar, ¿es mala suerte o un efecto?, cuando tienes problemas de salud, ¿es mala suerte o un efecto?, cuando tienes problemas con vicios, ¿es mala suerte o un efecto? Todo lo que sucede en tu vida es un efecto de los valores, pensamientos y creencias que tienes escritas en tu cuaderno mental, cada uno de nosotros tiene la razón basados lo que tenemos escrito en nuestro cuaderno mental, cada uno de nosotros crea y acepta cada cosa que te hace estar cómodo dentro de tu propio paradigma, un ejemplo de ello puede ser una persona adicta al alcohol, cree y acepta que no es algo malo, que es algo digno de hacer, siempre encuentran un momento y lugar perfecto para consumir alcohol, si hay una fiesta, su mente actúa con base en sus creencias y pensamientos y cree que tomar es una mejor manera de disfrutar de la fiesta, si una persona fallece, ya sea amigo o familiar, cree que tomar es la mejor forma de despedir y curar ese dolor que sienten por la pérdida de esa persona, si el clima está muy caliente cree que tomar unas cuantas cervezas sería la mejor opción. Es a esto a lo que me refiero cuando digo que todos tenemos la razón en cada una de las decisiones que tomamos, porque nuestra mente lo cree así, ¿pero qué nos hace pensar que estamos en lo correcto? Es la falta de sensatez sobre cómo funciona la psicología humana, y es esto lo que sucede en nuestras vidas, si crees que no puedes lograr algo, seguramente tendrás la razón y no podrás hacerlo, porque tu mente lo cree, lo acepta y no buscará una manera de solucionarlo.

Entonces cuándo crees que sea el mejor momento de hacer lo correcto, ¿siendo jóvenes o siendo adultos? Realmente no existe una edad específica para hacer lo correcto ya que no puedes vivir toda tu vida haciendo algo de lo que pienses que pueda ser correcto aunque no sea así, la madurez es un estado mental, la cual no se da a una edad específica, aunque muchos estudios revelan que el ser humano termina de desarrollar completamente los lóbulos frontales del cerebro después de la adolescencia, lo cual permite a las personas una capacidad superior de madurez y responsabilidad; aun así con estos estudios no se garantiza a las personas que después de los veintiún años de edad serán totalmente responsables e inteligentes, todo depende del tipo de vida que estén llevando y del tipo de aprendizaje que hayan elegido seguir, la mayor parte de las personas tienden a desarrollar, a lo largo de la vida, una gran experiencia que se basa únicamente en sus conocimientos, más de alguna vez han escuchado el famoso refrán que dice: «*Más sabe el diablo por viejo que por diablo*». En sí, el refrán tal vez tenga la razón; pero esto no significa que una persona con muchos años tenga el mejor conocimiento que nos pueda conducir por el mejor camino, únicamente tienden a tener una gran experiencia en lo que aprendieron a lo largo de su vida, como por ejemplo: un ladrón que se ha dedicado a robar a lo largo de su vida, tiende a tener mucha más experiencia que una persona que empieza a hacerlo, y esta persona, con una gran experiencia en los robos, tiene sus principios y creencias, los cuales para ellos son los correctos; así lo creen y así lo hará ver, aunque en realidad no sean los principios correctos para tener una vida exitosa.

Entonces, ¿qué significa para ti disfrutar la vida? Muchos jóvenes y adultos confunden el término disfrutar con destruir, están totalmente confundidos con los verdaderos principios de la vida, la mayoría de las personas creen que disfrutar la vida es cuestión de complacer cada deseo inmundo que se les cruce por la mente, piensan que al consumir cualquier tipo de drogas y alcohol están disfrutando la vida al máximo porque se sienten totalmente complacidos con lo que hacen, y esto es una causa de lo que expliqué anteriormente sobre cómo funciona el cerebro adicto, sienten que es la única manera «*de disfrutar la vida*», cuando lo único que realmente están haciendo es destruirla, tenemos muchos jóvenes engreídos, presumiendo de cada una de las drogas que han consumido, de las botellas de alcohol que han tomado y de todo lo malo que practican y se sienten tan complacidos al decir todo lo malo que hacen, y justo en este momento miles de personas vagabundas, refugiados bajo puentes, sin nadie a su lado, están maldiciendo el día en que probaron las drogas que destruyeron sus vidas y que alejó a todos sus seres queridos hasta quedarse en la soledad y la desgracia. ¿Entonces cuándo y cómo debes disfrutar de tu vida? Si realmente quieres disfrutar la vida, cuida de ella, no la destruyas, cuida tu cuerpo, es el único lugar donde puedes vivir, debes mantener un equilibrio balanceado y una vida saludable que te permita llegar a una edad avanzada sin ningún tipo de enfermedad ni problemas en tu cuerpo. He escuchado a muchas personas decir: «para qué limitarse de hacer cosas que puedan dañar tu vida, de igual manera todos nos vamos a morir». Y claro, tienen toda la razón, todos nos vamos a morir; pero que tu respuesta siempre sea: «*cuido de mi salud, no para ser eterno, sino para vivir saludablemente los años que Dios me regale de vida*».

Como lo he repetido anteriormente, el ser humano es una criatura de hábitos que se mueve y actúa con base en el paradigma desarrollado a lo largo de su vida. Al igual que los humanos, los animales son criaturas de hábitos y actúan basados en el adiestramiento que sus dueños les han enseñado a lo largo de su vida, del mismo modo que hay perros, leones, cocodrilos, etc., muy bien adiestrados también, existen otros muy salvajes y destructivos, lo mismo sucede con el ser humano, existen personas con un excelente control de sus vidas, personas que no tienen ni idea de cómo vivirla y piensan que no hay otra mejor manera de hacerlo. La única diferencia entre humanos y animales es que los humanos tienen la capacidad del autocontrol, tienen la capacidad de reflexionar sobre su comportamiento, la capacidad de encontrar errores y corregirlos, siempre y cuando tengan el deseo profundo de cambiar sus vidas; es decir, que poseemos raciocinio y los animales no tienen la capacidad del autocontrol o reflexión, únicamente son capaces de aprender el adiestramiento de sus amos; pero no pueden reflexionar sobre si es bueno o malo, únicamente aprenden y actúan. Así que no tienes motivos ni excusas para seguir haciendo lo mismo de siempre, tú decides lo que quieres aprender y hasta dónde quieres llegar.

¿Qué crees que sea más importante, divertirse o aprender?

La diversión y el aprendizaje son dos cosas que necesitas tener muy bien equilibradas en tu vida, ya que tu cuerpo y tu mente los necesitan a ambos, el problema es que en la actualidad dedican la mayor parte de sus vidas a la diversión, mientras que el aprendizaje lo dejan en el olvido y no le dan importancia alguna, las personas piensan que después de terminar la escuela o el bachillerato no necesitan nada más que aprender y dedican más horas al día viendo la televisión que las que trabajan, salen todos los fines de semana a fiestas; pero no aprendieron nada productivo que les pueda ayudar a mejorar su vida durante toda la semana. Si te preguntara a ti en este momento si quieres cambiar tu vida para vivir mucho mejor, seguramente me responderías que sí. En lo general todas las personas quieren tener una mejor vida, pero no hacen nada al respecto por cambiar su forma de vivir, siempre se quejan por todo, pero no hacen nada al respecto, las ganas de cambiar no te servirán de nada si sólo llegan a tu mente cuando te encuentras en problemas y sin dinero y las olvidas el fin de semana cuando recibes tu pago y te vas de fiesta. Para lograr una vida más equilibrada debes saber organizar tu tiempo y lo que haces con él, dedicar el tiempo libre a cultivarte aún más y cada día volverte una persona con un mejor discernimiento, porque es muy peligroso vivir sin leer y aprender, porque te verás obligado a creer en lo que las demás personas te digan.

¿Hasta qué edad tu mente alcanza la madurez? Como lo mencioné precedentemente, tu sentido se termina de desarrollar por completo hasta los veintiún años de edad; pero en sí, la madurez no depende de una edad específica, la madurez es la evolución constante de la mente por medio del aprendizaje, es el conocimiento adquirido de la vida, muchas personas se encuentran equivocadas al pensar que cuando un joven alcanzan la edad de veinte a veinticinco años serán capaces de actuar con madurez y sabiduría, si esto fuera así todos, a partir de los veinte años, seríamos personas responsables con mucha sabiduría; pero no es así, existen muchos casos donde un joven de dieciséis años posee más conocimiento de principios y valores correctos que un adulto de treinta, esto se debe al aprendizaje que el joven ha inculcado en su vida y la disciplina para adquirirla, mientras que el adulto de treinta años no tiene la menor idea de principios y valores, que generalmente llevan a una vida desordenada. Desde mi punto de vista, la madurez se basa en el conocimiento de principios y valores fundamentales que te vuelven una persona sabia, existen otros tipos de conocimientos erróneos que no ayudan a obtener una mejor vida y que usualmente siempre te llevan a problemas, puedes saber mucho de algo, pero si no se trata de principios que te conllevarán a obtener una mejor calidad de vida, entonces no cuenta como madurez, son y serán siempre malos principios que no te ayudarán a mejorar tu vida ni mucho menos te llevarán a ser una persona exitosa.

Si eres joven, ¿qué estás haciendo por tu vida? En la actualidad, la mayoría de los adolescentes sienten y creen que se encuentran en la edad perfecta para disfrutar la vida y esperar a ser adultos para tener un empleo y responsabilidades, ganar dinero y cubrir sus gastos. Sienten la seguridad de que tendrán la vida resuelta hasta entonces, pero mientras tanto, quieren salir a fiestas, tomar, fumar y sentir que disfrutan la vida al máximo. La mayoría de los casos de este tipo de acciones son los que conllevan a una persona adulta al fracaso y problemas económicos.

La vida, al igual que la naturaleza, tiende a tener ciertos parecidos en común, como ustedes saben, la siembra y la cosecha tienen un tiempo específico para llevarse a cabo, procedimientos que se deben aplicar para poder recolectar, no podrás cosechar nada si tratas de sembrar muy tarde. Al igual que el ser humano tiende a tener una etapa para crear y luego disfrutar. Esto no denomina que una persona, después de sus treintas, no pueda hacer nada por su vida, pero es muy poco común y de escasas posibilidades que una persona adulta cambie de pensamientos y actitudes, a menos que tenga el profundo deseo de hacerlo así. Por el contrario, cuando una persona ha dedicado toda su vida a perder el tiempo sin darle importancia a un mañana donde cosechará lo que sembró mientras era joven, tal vez se arrepienta de la situación, pero no tendrá ningún tipo de conocimiento para cambiar su estado, únicamente tendrá argumentos con los cuales defender sus problemas; pero no buscará una solución a ellos.

Es por eso que si aún eres un joven menor de veinticinco años, debes tener en cuenta que te encuentras en la edad perfecta para sembrar. Esto hace referencia a que debes preparar tu mente tal como un agricultor prepara su tierra con los mejores fertilizantes para obtener una mejor cosecha. Así debes preparar tu mente con los mejores principios y valores e información necesaria para tener éxito en tu vida. Y si eres una persona mayor, aún estás a tiempo, la edad no importa cuando tus metas y sueños vienen desde tu corazón y tienes unas profundas ganas de superarte, unos ejemplos de grandes empresarios son: Sam Walton, fundó Walmart a los 44 años. Maurice McDonalds, de 38 años y Richard James, de 31, fundaron una de las cadenas más grandes de comida rápida del mundo, McDonalds.

CAPÍTULO 7

VENTAJAS Y DESVENTAJAS DEL SIGLO XXI

Como todos sabemos, estamos viviendo una época moderna y demasiado avanzada para las personas que no están mentalmente preparadas para esta época con tanta tecnología. La ciencia y la tecnología están avanzando demasiado rápido y las personas no están preparadas para ella. Como por ejemplo, el internet ha sido un gran salto para el ser humano; hoy en día somos capaces de contactarnos en cuestión de segundos con alguien que se encuentra al otro lado del planeta e inclusive fuera de él, algo que unos cuantos años atrás parecía imposible para el ser humano.

La mayoría de la población en el mundo posee un teléfono celular y acceso a internet. Eso quiere decir que la mayoría de personas en el mundo tienen el acceso a cualquier tipo de información que podría volverlos fácilmente personas con un coeficiente alto, lo suficiente como para cambiar nuestro planeta, evitar tanta delincuencia, corrupción, pérdidas de vidas, entre un sin fin de cosas que ayudarían al ser humano a ser personas de éxito y tener un mejor estilo de vida, pero aún así, con esta gigantesca ventaja que es el internet, parece que el ser humano está empeorando aún más y están generando su propia destrucción, pero ¿a qué se debe todo esto?, ¿acaso la tecnología está demasiada avanzada como para entenderla?

A continuación te daré unas conclusiones muy lógicas, las cuales te ayudarán a ti a reflexionar sobre este punto y si tienes interés en cambiar el mundo, te conllevará a ser una persona más consciente de lo que está pasando con nuestro planeta.

Desventajas:

Estamos viviendo en una época donde la influencia se encuentra en todas partes, la música que escuchamos, los programas que miramos, todo lo que puedes encontrar en internet son influencias muy fuertes que se están apoderando de las personas, en especial los jóvenes, son los que resultan más afectados por esta gigantesca red que llamamos internet.

En la actualidad, las malas influencias están de moda, si te das cuenta, los géneros musicales más populares son aquellos que hablan de sexo, drogas y alcohol, y en la mayoría de los jóvenes, estos géneros son de gran influencia, ya que se sienten motivados a hacer todo lo que ahí se habla. Y no hablemos sólo de géneros musicales, también se incluye a esta lista programas muy populares en internet que no dejan una sola enseñanza a sus seguidores. Sin dejar atrás las redes sociales, ultimadamente unas de ellas se han vuelto totalmente viral en todo el mundo, donde únicamente trata de hacer retos y tonterías que en algunos casos llegan a poner en peligro a las personas.

El internet se está apoderando de nuestra generación, está volviendo a la mayoría de los jóvenes, unos esclavos de esta gran red y los está volviendo torpes y menos creativos cuando tienen entre sus manos la oportunidad de volverse más inteligentes y poseer un nivel muy alto de conocimiento.

REFLEXIÓN

Por el nivel de desarrollo tecnológico en el que nos encontramos, sería casi imposible decir que no puedes aprender algo por falta de recursos económicos, teniendo entre tus manos la herramienta perfecta para adquirirlo. Con ese pequeño aparato que llamamos: «celular» y con esa gran red que llamamos: «internet», tenemos acceso a lo que deseamos aprender, lo único que necesitamos es soltar las cadenas que nos mantienen atados en un solo lugar y empezar aprender, no dejes escapar más tu tiempo, no lo desperdicies viendo cosas «divertidas» por horas completas, como lo he dicho anteriormente, tu cuerpo y mente necesitan un poco de diversión, pero tienes que poner un límite y dejar a un lado las excusas como «no tengo tiempo», y es correcto, no tienes mucho tiempo, la vida es corta y los años no perdonan, es el momento para aprender y superarte y no dejes nada para mañana lo que puedas hacer hoy. Lo que puedas hacer hoy tendrá una ventaja de vida y habrás ganado tiempo, mañana podrás hacer algo mucho mejor de lo que hiciste hoy.

La mayoría de las personas son infelices por falta de éxitos propios. ¿Cuántas veces has escuchado a un infeliz criticar el éxito de alguien más? Las personas infelices pierden la mayor parte de su vida criticando a las personas que van prosperando, ¿pero cuándo han escuchado a una persona de éxito criticar a alguien más? Esto se debe a que las personas exitosas tienen el conocimiento y la experiencia como para saber que todos lo podemos lograr, sí; si así nos lo proponemos y siempre están muy ocupados como para criticar a los demás, ya que las personas exitosas no envidian, no critican, ni mucho menos se meten en la vida de los demás, las únicas personas que se sienten conformes al criticar el éxito de otros son las personas infelices que carecen de éxito propio.

EL PODER DE LA AUTOCONFIANZA

La autoconfianza es uno de los secretos clave más importantes para alcanzar el éxito. Millones de personas en el mundo fracasan en el intento de buscar el éxito y la felicidad debido al descontrol de emociones que tienen en su interior y no son capaces de controlar sus instintos que generan desconfianza hacia sí mismos y es que nadie es capaz de confiar en alguien más si desconfían de sí mismos; y claro, todo el mundo promete «confianza» hacia su prójimo, pero con su boca, mientras que su mente prepara silenciosamente un plan de defensa para cuando esa persona le falle y esto genera un gigantesco embate de sentimientos de desconfianza.

Todo esto se debe a la falta de autoconfianza que posee tu propia mente. Sólo las personas conocedoras de valores, principios y con mucha integridad son capaces de generar la verdadera confianza, porque ningún corrupto duerme tranquilo, aún así su cama sea de oro y diamantes y no será capaz de confiar en ningún otro individuo, el cual le rodea debido a la corrupción que su mente y alma enfrentan. Al igual que un ladrón, nunca se descuidará de sus propias posesiones por falta de confianza, porque sabe que puede haber alguien, al igual que él, que puede tomar sus posesiones, así como él toma las posesiones de alguien más.

Existen varios tipos de confianza, los cuales debemos aprender a controlar para poder tener una vida plena y una conciencia limpia.

Confianza matrimonial: hace referencia a confianza entre una pareja amorosa. Seguramente tú que te encuentras leyendo este libro, te encuentras una relación amorosa, la cual tal vez no sea perfecta y te gustaría que fuera así o por lo menos algo similar. La confianza entre pareja es una de las cosas más importantes para poder mantener una relación estable y duradera, pero... ¿Cuánta confianza hay entre sí?

Es muy común conocer o escuchar que parejas terminan su relación por celos, falta de confianza, relaciones tóxicas, infidelidades o cualquier otro motivo para que una relación termine; ¿pero a qué se deben todos estos fenómenos que pueden destruir una relación de muchos años?

¡Exacto! La confianza; pero no hago referencia a la poca confianza que le tienes a tu pareja, el problema es la poca confianza que tienes hacia ti mismo, la insuficiente seguridad que habita en tu ser no es lo suficientemente grande como para confiar en tu pareja y poder mantener una relación limpia, para eso necesitas aprender a valorarte a ti mismo, saber tu verdadero valor como persona; ¿pero cómo podemos lograr esto?

Para llegar al punto más alto de la autoconfianza, necesitas ser una persona de pensamientos sabios y racionales. Tienes que saber distinguir lo correcto de lo lógico, es aquí cuando todas las personas se confunden. Cuando la mente percibe algo, escuchas o ves algo, tu mente se activa en autodefensa y en ese momento te vuelves tú contra a ese problema que únicamente existe en tus pensamientos.

Ya te ha pasado que escuchas un ruido por la noche y tu mente se activa en forma de defensa y empiezas a sentir miedo o pavor y enseguida empiezas a pensar en un sin fin de cosas malas a las cuales tú les temes, sientes que en cualquier momento ese *fantasma* o persona mala, puede entrar a tu cuarto y hacerte daño, cuando realmente fue un plato que acomodaste mal en tu canasta de platos limpios o fue el gato que jugueteaba y tiró algo de tu mesa. Ya entendido este ejemplo, continuemos con el tema.

Debes de tener en cuenta que esta forma de pensar y actuar echará a perder la relación que estás llevando con tu pareja, aprende a controlar tus malos instintos a la hora de pensar y empieza a generar la autoconfianza en ti mismo. Para esto debes ser una persona con mucha integridad, ser sincero y tener paz interior, tener tu consciencia totalmente limpia para que así puedas tener confianza en tu pareja.

Esto no hace referencia que únicamente personas infieles y mentirosas no son capaces de confiar en su pareja, también las personas con bajo estima padecen de ese tipo de problemas, no son capaces de confiar en su pareja por falta de seguridad propia, es decir, hay personas que no se sienten lo suficientemente atractivas como para pensar que su pareja le será fiel, ya que sienten que cualquier otro u otra puede ser mejor que ellos y que su pareja fácilmente puede cambiarlos en cualquier momento. Para poder vencer esas barreras mentales, debes aprender a amar cada milésima parte de tu cuerpo, valorarte y darte cuenta de lo único y especial que eres ante los demás.

Esto te hará sentir más especial y con mucho más valor y confianza hacia ti y tu pareja. También debes tener en cuenta a tu pareja, debes conocerla y darte cuenta si realmente es una persona a la cual vale la pena darle tu confianza, ya que, lastimosamente, no cualquier persona se merece algo tan meritorio, no todos quieren optar por ser buenas personas, aunque todos lo podemos lograr.

CAPÍTULO 8

TOMA ACCIÓN... ¡YA!

Si realmente estás decidido a tomar el camino del éxito, bienvenidos a este camino donde sólo los valientes pueden cruzar, donde los débiles mentalmente encuentran excusas, nosotros encontramos soluciones, deja atrás todo lo vivido y empieza a existir con una nueva vida. Nunca es tarde para cambiar y aprender del presente que ya leíste este libro. Dime, ¿qué excusa tienes? No esperes resultados diferentes haciendo lo mismo de siempre, enfócate en aplicar cada uno de los principios que leíste en este libro y será una obligación del destino llenar tu vida de éxito.

Y que nunca se te olvide agregarle a todo esto una pizca de humildad. No permitas que el éxito corrompa tu vida y te vuelva arrogante.

En esta vida tenemos de todo, hay pobres humildes y ricos arrogantes y también pobres arrogantes y ricos humildes.

Tu vida estará siempre bendecida si tu éxito viene de la mano de Dios.

Gracias por haber llegado hasta el final. Saludos queridos emprendedores hasta donde sea que se encuentren. ¡Gracias por leer y aprender conmigo!

¡Bendiciones!

www.ingramcontent.com/pod-product-compliance
Ingram Content Group UK Ltd.
Pitfield, Milton Keynes, MK11 3LW, UK
UKHW041943230426
12048UKWH00008B/105